LETTRE

SUR

J. J. ROUSSEAU,

PAR M. ***

A GENEVE,

Et se trouve à PARIS,

Chez THOMAS BRUNET, Libraire, rue Mauconseil, à côté de la Comédie Italienne.

M. DCC. LXXX.

LETTRE SUR JEAN-JACQUES ROUSSEAU, ADRESSÉE A M. D'ES.....

Paris, le 10 Décembre 1778.

Nous avons fait, Monſieur, l'été dernier une perte irréparable aux yeux des hommes de génie & des ames ſenſibles; je veux parler de celle de Jean-Jacques Rouſſeau, un des hommes les plus extraordinaires qui aient paru dans le monde. Il avoit choiſi, depuis nombre d'années, la France pour ſon ſéjour, où il a vécu célebre & inviſible, & où il a fini, en vrai Philoſophe, ſa carriere ſans trouble & ſans bruit.

Ainsi, dans l'année 1778, dans cette année qui aura vu se former des révolutions politiques, mémorables à jamais dans les fastes du monde, les plus grands hommes qu'eût notre siécle pour l'esprit & les talens nous ont été enlevés; car ces derniers, lorsqu'ils sont portés à un certain degré, méritent réellement d'être cités à la suite du génie.

Nul pays, sans doute, puisque Rousseau avoit rompu solemnellement ses liens avec sa Patrie; nul corps; nulle Académie, puisqu'il n'a appartenu à aucune, ne se chargera particuliérement de consacrer le nom d'un homme à qui cependant l'esprit humain doit un hommage à tant de titres.

Il me semble donc que c'est à la France, long-tems l'asyle de Rousseau, & dont la terre contient aujourd'hui les cendres, à acquitter ce que l'on doit à sa mémoire (1). Que si,

---

(1) Lorsque cette lettre a été écrite, il n'avoit paru encore rien de marqué, & même il n'a paru jusqu'à ce jour aucun Ouvrage raisonné d'une certaine étendue sur feu M. Rousseau de Geneve.

Cet écrit devoit rester ignoré, & l'eût toujours été si l'esprit de critique & même de blâme, auquel on se livre avec une sorte de persécution depuis un certain tems sur le compte de cet Auteur, n'eût excité le desir de repousser, s'il est possible, l'injustice faite à sa mémoire. Quelques personnes éclairées à qui cette lettre a été lue, en convenant de la vérité du fond des choses, ont trouvé

contre toute attente, il ne restoit rien de caractérisé sur le compte d'un homme si rare parmi une Nation qui idolâtre si fort le mérite, mais qui aussi quelquefois l'oublie si promptement, il ne faut pas douter qu'il n'y eût chez elle un grand nombre de personnes, & particuliérement une portion précieuse de la société, dont le cœur accuseroit vivement cet étrange silence. On sent aisément de qui je veux parler. En effet, Monsieur, j'ai vu plusieurs femmes, également distinguées par l'esprit & par le sentiment, donner, dans le tems de la mort de Rousseau, sincérement des larmes à sa perte, sans qu'elles eussent jamais connu sa personne; exemple peut-être unique au monde d'un homme ainsi pleuré sur ses seuls écrits. Ce trait, qui, pour le dire en passant, décide en faveur de la sensibilité de cette partie du genre humain, suffiroit seul à l'éloge de l'illustre étranger. Un tel honneur, quand il est vraiment unique, est effectivement la plus rare récompense que puissent

---

que M. Rousseau y étoit jugé généralement avec beaucoup de faveur. On leur a répondu que les torts qui appartiennent purement à l'humanité devoient disparoître après la mort; qu'il s'agissoit seulement de faire connoître aux tems présens & futurs l'homme essentiel & l'écrivain tels qu'ils ont été; enfin, qu'il étoit mieux encore d'excéder un peu dans les louanges justement dues à un grand homme qui n'est plus, que de s'exposer à altérer sa renommée par des jugemens hasardés sur des faits peu constans.

recevoir les dons de l'ame & de l'esprit; & nul homme, que je sache, n'a joui comme Rousseau d'une gloire pareille, purement comme Auteur.

Je vais donc, comme contemporain, être l'interprete du pays & du siécle où il a vécu. Je souhaite que ce foible monument, que ma main lui éleve par le pur mouvement de mon cœur, & sans avoir jamais eu aucune liaison avec sa personne, porté par son nom vers des tems reculés, puisse attirer à cet homme mémorable quelques actes de plus d'admiration & d'amour.

L'homme & l'Auteur dans Rousseau ont passé pour être à la fois un prodige & un paradoxe : selon moi, le prodige explique facilement le paradoxe.

La création de cet homme, bien plus admirable que singulier, a été une création vraiment unique. Nul être, à ce qu'il semble, ne s'est trouvé doué d'une sensibilité d'ame plus exquise, jointe à un degré de force dans les sensations presque sans exemple. Né du côté des sens avec une organisation si parfaite, qu'il étoit éminemment propre à tous les arts sensibles & agréables, il réunit à ces dons corporels un génie géométrique & clair, profond & vaste, & aussi pur que brillant du côté de l'imagination. Cette rectitude de raison, cette élévation de génie, cette délicatesse d'ame unique ne pouvoient qu'être accompagnés d'un penchant ardent pour le vrai, pour le beau, pour le bon en tout genre. Une éducation républicaine & auſtere, des exemples domeſtiques & honnêtes, qui naiſſoient comme du ſein des mœurs générales de ſa Patrie furent en lui la ſeconde nature ſur laquelle l'homme & l'Auteur furent édifiés.

Quand on conſidere tant d'avantages naturels avec toutes leurs circonſtances, la vue d'une ſi parfaite création, où il eſt ſi rare que la nature accumule, aſſortiſſe & accorde à un ſeul homme, dans un degré ſi parfait, tant de dons divers, explique, d'une maniere bien ſimple, le prétendu paradoxe des écrits & de la vie de Jean-Jacques.

Le Citoyen de Geneve, né avec les perfections qu'on vient de voir, élevé comme on a dit, jetté enſuite dans le monde ſans fortune, ſans autre appui que ſes propres forces, dont cependant le levier eût été ſi puiſſant dans les mains d'un homme ambitieux, mais qui, pour une perſonne du caractere de Rouſſeau, n'ont ſervi qu'à troubler ſa vie en lui acquérant du renom; un tel homme, dis-je, avec une ame & un eſprit de cette trempe, devoit naturellement, s'il eût écrit, écrire comme Jean-Jacques a écrit, & agir en tout preſque comme il a fait.

Rouſſeau ne commença à ſe produire au jour

comme Auteur qu'à l'âge d'environ quarante ans, à cet âge où l'imagination, cette premiere ſource des bons écrits, conſerve encore toute ſa force, & où le jugement, qui en conſacre la durée, eſt parvenu à preſque toute ſa maturité. Juſques-là, il avoit amaſſé dans le ſilence, par ſes travaux, par ſes méditations, de grandes proviſions en connoiſſances de toute eſpece. Philoſophe & obſervateur par caractere, il avoit fait d'autre part dans le monde une étude réfléchie des uſages, des loix diverſes, & ſurtout du cœur humain où ſon propre cœur l'avoit ſi fort initié; car l'un ſans l'autre n'inſtruit pas, & il faut ſentir vivement en ſoi la nature pour la connoître dans autrui.

Auſſi peut-on dire que jamais homme ne prit la plume avec de ſi grandes avances & des matériaux ſi abondans. D'autres ont écrit par un vain déſir d'écrire, trop ſouvent avec les mains & l'eſprit vuides. Dans Rouſſeau, ce fut un beſoin qui le maîtriſa, dont il fut lui-même ſurpris, parce que la publicité étoit réellement contraire à une partie de ſon caractere & même à ſes vues. Il ne put plus contenir tant de richeſſes, & il céda aux circonſtances qui lui mirent la plume à la main comme malgré lui; mais il la prit, dès le premier moment, en maître de ſa deſtinée comme Auteur.

Voyez en effet la maniere dont il parle à ſes

lecteurs dès ses premiers écrits, & depuis dans tous ses Ouvrages! Comment il s'eleve au-dessus de la gloire que pourtant il idolatroit! Comment, en se présentant au Public, il recherche son suffrage sans en dépendre! Comment, en lui parlant, il prend toujours sa propre opinion & sa seule conscience pour juges! Quel ton! Quelle hauteur de langage! Si des principes si altiers peuvent choquer avant qu'on ait lu les Ouvrages de Jean-Jacques; dès qu'une fois ses beaux écrits ont passé sous les yeux, la véracité, la force de l'Auteur, rendent ce ton noble, naturellement grand; elles font plus, elles le rendent aimable, modeste, même en un certain sens. Effectivement la vérité la plus haute, même pour soi, lorsqu'elle a évidemment ce caractere, porte aussi avec elle une sorte de modestie particuliérement propre aux talens du premier ordre, mais en même-tems, & il ne faut pas s'y tromper, qui n'est propre qu'à eux seuls.

Déja avant que d'écrire, Jean-Jacques avoit outre-passé le terme connu des connoissances littéraires : il en avoit, suivant les apparences, bouleversé tout le systême dans ses conceptions vastes & originales. Tout annonce que ses études préliminaires l'avoient jetté fort loin des routes ordinaires.

Une Académie littéraire mit alors en question

ſi les ſciences avoient influé en bien ou en mal ſur les mœurs, c'eſt-à-dire, au fond ſi elles avoient plus préjudicié que ſervi au bonheur des hommes ; car il eſt conſtant, pour quiconque a médité ſur le bien réel des ſociétés, que la félicité humaine réſide en grande partie dans la conſervation des mœurs, & même qu'elle en naît eſſentiellement.

Ce corps littéraire entrevit la matiere d'une diſcuſſion où les eſprits prévenus n'avoient pas apperçu juſqu'alors le motif même d'un doute. Il eſt à croire que Jean-Jacques avoit été occupé quelquefois d'une idée pareille ; il eſt probable même qu'il avoit déja réſolu, à part lui, cette étrange queſtion. En conſéquence, il écrivit ſur ce ſujet, & il le fit étant orné au plus haut degré de toutes les perfections de l'intelligence, étant revêtu de ce qui fait ſa plus grande beauté, l'éloquence. Ce fut avec de telles armes qu'il plaida la cauſe de l'ignorance en faveur du bonheur des hommes, & il la défendit avec applaudiſſement auprès de l'Académie & d'une partie du Public, détruiſant ainſi, par ſon propre ſuccès, l'inſtrument même qui avoit ſervi à le faire triompher.

Dans cette ſinguliere diſcuſſion, Rouſſeau prouva, autant qu'il étoit poſſible, le paradoxe. Malgré cela, il faut convenir qu'il n'établit, par aucune preuve ſolide, ce prétendu point de vérité. La maniere dont il vit l'objet, ce qui décidoit abſolument dans cette matiere du jugement à porter, provint en partie du fond de ſon caractere, fortifié en outre par quelques circonſtances de ſa vie, où l'on prétend qu'il n'avoit pas eu à ſe louer des hommes, particuliérement de l'ordre de ceux qui cultivent les lettres, ce qui cependant, pour le dire en paſſant, devroit être la même choſe que cultiver la vertu.

En conſidérant dans cette diſpoſition d'ame la ſcience avec ſes abus, les connoiſſances avec leurs erreurs, il ne ſépara pas aſſez, dans ſon opinion, de la choſe même ce que les paſſions y mêlent malheureuſement, & il imputa ainſi à l'une ce qui eſt particuliérement du fait des autres ; en un mot, il fit porter tout ſon raiſonnement ſur cette fauſſe baſe, ne réfléchiſſant pas encore d'autre part que la barbarie ne ſauroit être un état pour l'homme ; que comme être perfectible, il en ſort invinciblement par le ſeul exercice de ſes facultés ; & que ſitôt qu'il eſt contraint d'en ſortir, il n'y a plus que la perfection humainement poſſible de ſes lumieres qui puiſſe réprimer les moyens mêmes que ſes connoiſſances mettent en ſes mains pour ſervir ſes paſſions. Cette culture, la plus parfaite de l'eſprit humain, dirigée ſur-tout vers une ſaine morale, étoit un troiſieme terme que Jean-

Jacques eût pu envisager entre la barbarie & la science défigurée par tant d'abus divers. Toutes choses égales, il eût assigné avec plus de raison, dans un pareil état, le véritable degré de prospérité de la terre : disons plus, il semble même qu'il eût été digne d'un être si éclairé d'embrasser une pareille doctrine.

Cette these, considérée comme on vient de dire, présentoit, à ce qu'on croit, un beaucoup plus juste fondement que l'opinion qu'il adopta; mais Rousseau, frappé des maux de la société, sans vouloir discerner que ces maux, loin d'être l'effet précis & immédiat des lumieres, étoient plutôt le fruit malheureux d'une autre partie de la nature de l'homme, les passions, également indestructible en lui, haïssant par lui-même le vice bien plus que l'ignorance, séduit de cette maniere, & très-réellement par sa propre vertu, laissa tomber la balance où la pente de son ame l'entraîna. Il préféra de réduire, par son vœu, l'homme à un état où il ne pouvoit ni ne devoit exister, plutôt que de le mettre à sa véritable place, à celle de l'intelligence la plus perfectionnée, au hasard des dangers de cette situation, ne voulant pas se dire encore qu'en pareil cas l'état de l'homme pouvoit s'élever assez pour que ses passions ne restassent maîtresses que de ce que sa raison, pleinement éclairée, ne pourroit pas leur ôter de nuisible & de fâcheux.

Il faut avouer que cette queſtion, enviſagée ſous toutes ſes faces, méditée dans tous ſes rapports, étoit de toute l'étendue de l'eſprit humain. Perſonne, plus que Rouſſeau, n'avoit en ſoi cette prodigieuſe dimenſion ; auſſi parut-il gagner un procès que la force de ſon génie, ſi elle lui eût été oppoſée, eût pu ſeule lui faire perdre. Mais en cette matiere, encore un coup, ce qui eſt glorieux pour un eſprit de cet ordre, il ſe décida par ſa propenſion naturelle. Son ame prit les fonctions de ſa raiſon ; elle jugea en ce moment à ſa place. En effet, tout dans Rouſſeau indique qu'il fut toujours plus touché du bon & du bien, qu'il ne fut préciſément jaloux du relief du ſavoir ; qu'il eut enfin plus de vertu que d'amour-propre, quoique né avec un genre d'orgueil très-haut, ce que certaines perſonnes s'expliqueront ſans nulle peine.

Ce premier eſſai enfanta ſon diſcours ſur l'inégalité des conditions ; Ouvrage lié au premier ; Ouvrage moral, métaphyſique, politique, très-profondément travaillé, lequel offre encore le même paradoxe, fondé ſur les mêmes vues, & dont l'argument ne pouvoit être établi que par le preſtige du raiſonnement uni à la plus brillante éloquence, à cette éloquence qui gagne le cœur, lors même qu'elle égare quelquefois la raiſon.

En même-tems ſi cet Ouvrage peche par un

manque réel de justesse dans son systême, de combien de beautés de détail, de grandes vérités, de notions lumineuses & nouvelles sur la nature de l'homme, sur celle de ses facultés n'est-il pas rempli ? Les pages de ce livre en sont couvertes ; les propositions particulieres éclatent presque toutes de lumieres ; mais il est vrai de dire que leur liaison à la proposition principale, bien qu'habilement pratiquée, est absolument inexacte. Tout tombe par ce vice radical ; malgré cela, les débris de cet édifice offrent autant de trésors dont la raison aime à s'emparer avec fruit.

Les hommes inégaux par nature, en force, en talens & en intelligence, ne pouvoient pas, sans doute, rester égaux dans la société où cette même nature les suit. Les institutions civiles ont donc sagement & heureusement été adaptées à cette inégalité naturelle.

Rousseau, toujours plus affecté à sa maniere de quelques effets fâcheux que des fruits sans nombre de la civilisation, prétend inutilement ramener l'homme à l'état de nature. La raison, plus forte que tous ses discours éloquens, lui crie que cet état de nature n'est point l'état naturel de l'homme, un état qui lui soit propre ; qu'il ne mérite même pas le nom d'état pour un être de son espece, & qu'il doit plutôt être envisagé comme l'anéantissement de son existence.

Elle lui dit que cette idée injurieuſe à une créature intelligente, combat la fin de ſa création ; que l'homme a été doué pour qu'une ſemblable penſée fût repouſſée de ſon eſprit ; en un mot, qu'un tel vœu, outre qu'il eſt criminel, eſt encore bien vain à former. Elle lui dit que la ſaine doctrine enſeigne au contraire de porter l'eſpece humaine, par la voie des lumieres, vers un état ſocial de plus en plus perfectionné, parce que l'être qui forme comme les matériaux de ce bel édifice, qu'on nomme la ſociété, ne peut reſter brute & barbare, à moins que des cauſes phyſiques ne prédominent ſur la puiſſance & l'activité de ſon intelligence, ce qui eſt impoſſible généralement.

Il y a plus ; l'inégalité des conditions eſt non-ſeulement néceſſaire, en tant que conforme à la nature : elle eſt de plus un bien réel, quand elle eſt ſagement réglée par la loi, parce qu'elle cimente alors l'état civil, qui eſt inconteſtablement l'ordre le plus parfait de cet univers, & la plus belle production de l'intelligence de l'homme, comme le plus bel ornement de ſa nature élevée à toute ſa dignité.

Dès que les hommes dans ce ſecond état, véritable fin d'un être doué de raiſon, ſont égaux dans tout ce qui eſt du droit naturel, toute égalité eſſentielle, la ſeule importante, la ſeule d'une néceſſité abſolue, ſe trouve conſervée. L'inégalité des rangs fait bien peu au bonheur intrinſéque des humains ; elle n'eſt uniquement que l'allure de l'organiſation ſociale, une forme extérieure réglée par la néceſſité, vu qu'elle eſt fondée ſur cette inégalité primitive qui exiſte invinciblement entre les individus, au point que dans une bonne police elle ne doit même faire autre choſe qu'en dériver, imitant en cela fidélement ſon premier type, qui eſt la nature de l'homme.

Ce n'eſt pas tout, & il y a quelque choſe de plus encore à conſidérer : qui ſait ſi dans ce partage, ou plutôt dans cette différence de ſituation, cette nature tutélaire, tant que ſes loix ne ſont pas bleſſées, ne laiſſe pas, en bonne mere, au moins autant de latitude à la véritable félicité dans les rangs inférieurs que dans les conditions dominantes ? L'expérience a décidé plus d'une fois cette queſtion intéreſſante. Sous cet aſpect eſſentiel, l'inégalité des conditions n'eſt donc qu'un vain mot : dès-là que la conſtitution politique eſt ſaine ; dès-là que les droits de l'homme ſur ſes biens, ſur ſa perſonne, ſur ſes opinions ſont réglés ſur cette juſtice univerſelle, tout eſt égal quant au droit : l'inégalité de fait, d'ailleurs démontrée indiſpenſable, n'eſt plus comptée pour rien ; elle eſt même, aux yeux de la raiſon, à bien des égards, la gardienne de l'autre.

Si nous suivons à présent Rousseau dans ses autres productions, nous les trouverons toutes conséquentes au même systême. Cet homme, qui éclairoit la raison humaine d'un flambeau si éclatant, formoit l'étrange vœu de vouloir éteindre celui des sciences dans tout l'univers, parce qu'il craignoit qu'il n'éclairât trop les vices & les passions des hommes. Par amour pour l'humanité, par passion pour la vertu, il se croyoit réduit à dégrader son espece, quand il considéroit les étranges contrariétés qui regnent en sa nature. Se livrant trop à ces dernieres idées, dont il paroît que Pascal fut aussi affecté autrefois, mais que bientôt sa raison supérieure rejetta, & qu'elle expliqua ensuite d'une maniere si parfaite, à l'aide des lumieres de la révélation, il ne régla pas ses opinions aussi sagement que ce dernier. Il s'abandonna en un mot à l'étrange souhait dont nous venons de parler, quand il réfléchit à tant de grandeur, mêlée de tant de foiblesse, à des lumieres si hautes, défigurées par des erreurs si déplorables; vrais sujets en effet d'étonnemeut & de chagrin que Platon, Séneque, Montagne, & sur-tout Pascal, tous génies créateurs, évidemment précepteurs du sien, avoient apperçu avant lui, mais qu'aucun d'eux n'avoit, avec les seules lumieres de l'homme, présentés sous de plus vives images & avec la philosophie perfectionnée du dix-huitieme siecle, avec cette philosophie claire, exacte, qui seroit toujours utile si, présumant trop de ses forces, elle n'outre-passoit pas quelquefois témérairement ses bornes.

Il faut dire le vrai; l'homme de la société, tel qu'il est, ne plut jamais à Rousseau. Dans l'austérité des principes dont il avoit été imbu dès l'enfance, & que son caractere naturel n'avoit fait que fortifier, il censura avec chaleur ses usages, ses mœurs, son éducation; il condamna jusqu'à ceux de ses plaisirs publics dont il se vante le plus: de-là, il entra plus avant dans son cœur, & traita à fond cette passion puissante qui anime & gouverne l'univers. Idolâtre des femmes, il jugea avec rigueur leurs ridicules & leurs défauts; mais en revanche, il leur présenta un culte si pur & si animé dans l'amour vrai qu'il leur peignit, que la nature, qui ne se trompe pas, leur rendit infiniment cher un censeur qui, en les connoissant si parfaitement, savoit mieux qu'homme au monde les intéresser & les aimer.

Ce fut après avoir parcouru, dans l'esprit dont je parle, la plupart des établissemens civils, qu'il écrivit son Emile; Ouvrage où le précepte mis en action, forme, dans un tissu de faits intéressans, une législation continue, & dont l'exécution, quant au mérite littéraire

de

de l'Ouvrage, égale la beauté de la conception.

Ce livre, qui contient les vrais principes de Rousseau sur presque tous les points importans de la vie, lui fit des ennemis & beaucoup de sectateurs; car il est à remarquer que tout ce que cet homme a écrit est de nature à lui former des partisans de ce dernier genre. On sait que cet Ouvrage a produit dans l'éducation domestique, premiere base de cette éducation politique que nous nommons constitution des Etats, de très-grands changemens; enfin, qu'il a opéré réellement une révolution dans beaucoup d'objets de la conduite pratique de la vie, tant cet homme, par la force de ses idées & la persuasion de son éloquence, étoit né pour changer la face des choses. Parmi nombre d'essais peu praticables ou trop risqueux, qu'il indiqua toujours avec la même séduction, nous lui avons l'obligation de plusieurs usages essentiels, & de diverses réformes très-heureuses. L'enfance, cette enfance qui réunit les plus vives espérances & les plus douces consolations soit des familles particulieres, soit de la famille générale, la patrie; cette enfance si intéressante à considérer sous tous ces aspects, lui doit particuliérement & sans qu'elle le sache, sa liberté, sa santé, & par conséquent tout le bonheur qu'on peut goûter à cet âge; & l'on se

rappellera que ſur ce point les tendres meres; perſuadées les premieres, perſuaderent à leur tour les époux ; car en matiere de ſentiment, cette partie du genre humain marche toujours la premiere & guide l'autre.

La ſociété entiere lui doit une foule de notions qui ſont autant de maximes & de regles dans la pratique des devoirs de la vie. C'eſt à ces traits que le génie ſe reconnoît & qu'une œuvre ſe marque du ſceau de l'immortalité. De tels écrits reſtent à jamais : ils ſe propagent; ils agiſſent ſans ceſſe. Dans le moment où j'écris, ô pouvoir étonnant de la penſée ! Emile en ce qu'il a d'utile (& cette partie n'eſt pas peu conſidérable) opere ſur la félicité de nombre d'êtres. Traduit dans plus d'une langue, il parcourt les hémiſpheres, & augmente ainſi ſur la terre la ſomme du bonheur & la maſſe des lumieres.

Ce livre inſtruit les générations préſentes dans l'art de former les générations qui doivent ſuivre, par la doctrine qu'il offre ſur le gouvernement de l'enfance, ſur la direction de la jeuneſſe, ainſi que ſur la capacité & les forces de ces deux âges : vues qui, à quelques points près, où les principes de l'Auteur, ſuivant ſon génie, ſont ſouvent trop outrés, paroiſſent au fond dictées par la raiſon même. C'eſt réellement dans cet Ouvrage où Rouſſeau, malgré bien des écarts, offre, du ton de ſenſibilité le plus inſinuant, aux hommes de tout état & de tout pays, une infinité de regles de conduite non aſſez méditées, & qui ſont la vraie ſource du peu de bonheur permis à l'eſpece humaine ſur la terre; bonheur qui ne découle dans ſon livre, comme il ne provient en effet, que de la vertu ſeule. On ſent parfaitement que cet éloge ne s'applique qu'à des points de moralité de l'Ouvrage, & qu'il ne peut être fait pour juſtifier ce qu'il y a juſtement de répréhenſible par rapport à la religion.

Rouſſeau étoit ſur le point de lever le voile de deſſus les loix politiques des Empires, & de peſer, à la balance de l'équité, les droits des humains dans les diverſes conſtitutions; de ſorte qu'après avoir inſtruit l'homme dans ſon état privé, il alloit le ſervir & le défendre dans ſon état public. C'eſt dans cet eſprit qu'il entreprit ſon Contrat ſocial, celle de toutes ſes productions qui caractériſe le plus le génie & qui annonce un eſprit profondément verſé dans ce qu'il eſt le plus difficile comme le plus important de connoître. Les principes de ce livre anéantiſſent en partie ceux qui ont été poſés juſqu'à préſent ſur le même ſujet, & ils ſont tels qu'ils portent les premieres vérités de la terre, les vérités les plus abſtraites preſque juſqu'à une démonſtration mathématique. Ce travail n'étoit, dans le plan de l'Auteur, que la pierre d'attente d'un Ouvrage complet en ce genre. Il alloit en trop dire, & certainement avec danger pour les grandes ſociétés, parce que cette extrême perfection politique eſt malheureuſement dans le fait impraticable, lorſqu'il s'arrêta ſans doute par ces conſidérations, & qu'il ſe détourna ſagement de ſa route.

Diverſes maximes de l'Ouvrage exciterent le blâme de la République de Geneve contre ſon Auteur. Son Conſeil crut devoir condamner ce livre, ainſi que celui d'Emile.

Rouſſeau qui ne jugea pas cette condamnation fondée, ſe ſouvint à ſon tour de ſes droits; il abdiqua ſolemnellement ſon titre de Citoyen. Un parti ſi extrême dut lui coûter beaucoup. La diſgrace que la Patrie fait éprouver, eſt infiniment ſenſible, en ce qu'elle bleſſe un ſentiment très-profond, né d'un ſentiment naturel; ſentiment qui tient à l'amour de ſoi, à l'amour de ſon ſang avec leſquels celui de la Patrie ſe mêle & ſe confond de la maniere la plus intime & la plus forte. Cette diſgrace toucha encore plus particuliérement Rouſſeau, qui idolatroit ſinguliérement la ſienne, à en juger par la maniere dont il en parle dans pluſieurs endroits de ſes écrits, & toujours du ton le plus intéreſſant, ſe rappellant ſouvent cette Patrie chérie où il avoit puiſé ces exemples & cette éducation auſtere auxquels il devoit en partie ſes vertus.

Une ſéparation auſſi cruelle pour un homme qui ſentoit autant que lui la puiſſance & tout à la fois la douceur d'un pareil lien, ne lui empêcha pas de venir à ſon ſecours lorſqu'il crut ſes loix expoſées ; & il écrivit pour ſon ſervice ces lettres intitulées *de la Montagne*, où brillent tant de ſavoir & même de patriotiſme ; car ce dernier ſentiment, qui forme une eſpece particuliere dans ce genre de paſſion qu'on nomme amour, ne s'éteint pas plus que l'autre à volonté. Peut-être entra-t-il dans ſa réſolution un peu de reſſentiment ? quel homme eſt exempt des impreſſions de l'humanité? Mais ce reſſentiment juſte ou non, ce qu'on ne décide pas, fut au moins celui d'une ame noble : il ne ſe vangea de ſa Patrie qu'en la ſervant. Il déſiroit encore qu'elle exiſtât avec toute la perfection de ſes loix, lors même qu'elle ne devoit plus exiſter pour lui.

Ce fut auſſi pour ſon pays qu'il écrivit ſa lettre admirable ſur les Spectacles ; lettre d'une doctrine très-ſaine, fort applicable à un petit Etat conſtitué comme Geneve, mais qui ne ſauroit l'être à tout état conſidérable où ce mal, devenu néceſſaire, peut ſe convertir en un très-grand bien, parce que la vertu, lorſqu'elle n'a plus le frein des mœurs publiques & privées, trouve alors un autre reſſort, ſouvent efficace, dans l'honneur & l'élévation des ſentimens ;

chose à quoi le théatre épuré est merveilleusement propre.

Je passe à d'autres écrits de Rousseau, sans m'attacher à leur ordre, les parcourant ici à mesure qu'ils se présentent sous ma plume.

On a dit assez généralement, dans le tems, que Jean-Jacques avoit dans son porte-feuille la correspondance d'une grande passion qu'il avoit éprouvée dans sa jeunesse, & qui avoit fait, par plus d'une cause, une époque marquée dans sa vie. Pour une ame de la nature de la sienne, de semblables impressions ne s'effacent plus. Le Public, fort occupé de lui pour lors, étoit dans l'enthousiasme du feu de ses productions. Échauffé à son tour par cette admiration générale, car rien ne se répercute plus qu'un tel mouvement, il se complût à montrer à ce Public épris la puissance de ses sensations dans celle des passions humaines qui les excitent le plus. Il y trouvoit encore la douceur de consacrer à l'immortalité un nom & des qualités que l'amour parfait voudroit toujours pouvoir déifier.

Une passion extraordinaire & funeste entre deux êtres rares (Abailard & Héloïse) n'avoit pas cessé d'être présente dans la mémoire des hommes. L'excès de la passion des deux parts, la foiblesse de l'amante, les vertus des deux amans, leurs malheurs enfin mettoient plus d'une conformité entre les deux événemens. La Julie de Jean-Jacques fut aussi-tôt une autre Héloïse : quant à lui, il se produisit sur la scene sous le nom de Saint-Preux.

Il faut l'avouer ; Rousseau, mieux qu'Abailard, méritoit de trouver une Héloïse ; & quelle Héloïse que celle que cet homme passionné nous a peinte ! L'imagination même ne sauroit offrir un plus beau tableau de tendresse & de perfections : tout, jusqu'à la faute de cette femme, y met les derniers traits. Un amour comme celui de Julie ne peut certes qu'atténuer infiniment le blâme dû à sa foiblesse, parce qu'à la vue des grandes passions, qui sont plus rares qu'on ne croit, la morale devient d'autant plus indulgente, que la nature se montre moins coupable. En outre, la conduite qui a suivi la faute de Julie donne à cette faute, si on l'ose dire, une sorte de pureté qui rend, par un second effet, cette erreur des sens bien dangereusement intéressante. Voilà aussi ce qui a fait dire à cet homme de bonne foi, en prémunissant contre la lecture de son livre, qu'un jeune cœur étoit perdu, si, malgré ses avis, il cédoit à la curiosité ou à l'attrait de cette lecture après l'avoir une fois commencée. Il ne se trompoit pas ; mais en même-tems ne risquoit-il pas trop, en donnant la tentation avec la leçon, sur-tout dans un tems où les Héloïſes & les Saint-Preux ne peuvent qu'être fort rares ?

L'émulation des Ouvrages de Richardſon, le premier de tous les Ecrivains en ce genre, fut encore vraiſemblablement une des cauſes qui produiſirent ce Roman de la part de Rouſſeau. On ſait qu'il y mêla beaucoup trop d'objets étrangers à ſon ſujet, parce qu'il en étoit alors fort occupé, & que d'ailleurs il eſt bien difficile de puiſer dans un fait unique un livre entier. Malgré cela, il faut convenir qu'à la prolixité près, partage ordinaire de cette paſſion, & dont l'Auteur Anglois n'eſt point exempt, l'amour n'a jamais été peint, pas même dans les meilleurs Ouvrages de ce genre, avec des couleurs plus délicatement fondues, plus douces & en même-tems plus fortes, plus vives & plus pures qu'il l'a été par Rouſſeau dans ſon Héloïſe. Nul homme ſenſible, que je ſache, n'a repréſenté cette paſſion avec une telle volupté & avec tant de chaſteté tout à la fois ; vrai caractere de ce ſentiment, quand il n'eſt ni factice, ni corrompu. On ne peut ſe laſſer d'admirer comment la paſſion de Julie y nait immédiatement de la nature la plus ſenſible comme de la plus parfaite innocence ; combien les mouvemens de ſon amour ſont éperdus, ſes ſens mêmes égarés, ſans que ſon ame ceſſe au fond d'être vertueuſe ; avec quel intérêt la nature la fait ſuccomber, & avec quelle beauté la dignité de ſes ſentimens la maintient reſpectable ſans jamais la laiſſer s'avilir, & va même juſqu'à la rendre plus chere, parce qu'on aime d'autant plus la perſonne en pareil cas, que ſes erreurs obtiennent aux yeux de l'humanité plus d'excuſe.

Les paſſions ordinaires, c'eſt-à-dire, les paſſions qui ſouillent l'ame & que celle-ci n'épure pas, n'ont leur chûte qu'au dernier terme : celle de Julie a bien un autre caractere. La chûte de cette fille vertueuſe, par la raiſon même de cette rare vertu, eſt marquée à la premiere faveur, à la faveur la plus légere, que même, ſi je ne me trompe, elle ne reçoit pas, mais qu'elle accorde à Saint-Preux. Un baiſer qu'elle lui donne, un ſeul baiſer, que l'amour lui arrache, a entiérement triomphé d'elle. De ce moment, elle a déja cédé; & l'Auteur, en peignant, dans le cours de l'action, cette ſituation avec un feu tout particulier, a voulu ſans doute marquer dans ſon Roman, par ce trait profond, vraiment neuf, l'époque dont je parle. Il eſt conſtant qu'il n'y a que la nature la plus excellente & l'honneur le plus pur qui aient pu révéler à Rouſſeau ce ſecret du cœur humain; auſſi l'amour d'Héloïſe a-t-il perfectionné ſon ame, tandis que les paſſions de ce genre les corrompent preſque toutes.

D'autre part, combien l'amour de Saint-Preux n'eſt-il pas ardent & ſoumis? combien n'eſt-il pas idolâtre & réſervé, impétueux & fidele à l'honneur? Il eſt intéreſſant de voir avec quelle ſuite d'intérêt ſes actions, ſes diſcours, ſes tranſports, ſon délire enfin, déterminent pas à pas toutes les démarches de Julie. Il n'étoit plus poſſible que cette Julie, ſi tendre, n'aimât pas Saint-Preux comme elle en étoit aimée, ou il eût fallu qu'elle ne fût plus elle, ou plutôt qu'elle n'exiſtât pas: en un mot, tous les traits qui caractériſent l'une & l'autre de ces paſſions, ſont d'une grande vérité & du plus beau choix; les tableaux en ſont pénétrans & doux, naturels & raviſſans. C'eſt pour cela auſſi que cet Ouvrage a fait palpiter en ſecret tant de cœurs, & qu'il s'en eſt trouvé qui ont conçu pour l'Auteur, ſans que ſa perſonne leur fût connue, un amour réel; dernier délire de cette ſorte de paſſion, & dont Rouſſeau, non ſans doute ſans intention, nous a donné lui-même l'idée ſi enivrante dans Emile, où Sophie idolâtre un être fantaſtique, pur ouvrage de ſon imagination.

En même-tems quel caractere que celui de Wolmar que l'Auteur a oſé introduire dans ſon plan! Ce caractere fait, à mon ſens, une des plus grandes beautés de l'Ouvrage, & peut être regardé comme un des traits de génie les plus hardis que l'eſprit humain ait employés. On a dit ſouvent que ce caractere étoit hors de la nature. Ce reproche eſt bon à faire devant des ames vulgaires; mais il n'eſt nullement fondé ici. En effet, il eſt dans le cœur de l'homme un eſpace où les yeux ordinaires ne pénetrent jamais. Tous les perſonnages de ce Roman ſont, par l'élévation des ſentimens, hors de l'ordre commun; celui de Wolmar eſt également de cette eſpece. Non-ſeulement ce caractere eſt vraiſemblable; mais on peut dire encore qu'il eſt vrai, ou du moins on ſent ſans effort qu'il a pu être réel.

C'eſt à ces ames peu ordinaires que je viens de déſigner, à comprendre ce que je vais dire. Aux yeux d'un homme comme Wolmar, (& cet être n'eſt ni dépravé, ni déraiſonnable) une femme telle qu'Héloïſe pouvoit être choiſie preſqu'à l'égal de l'innocence même. D'abord elle eſt ſi riche de ſa beauté & de toutes ſes perfections, qu'une tache unique & ſi bien effacée peut en altérer beaucoup moins l'éclat. De plus, une vertu ainſi éprouvée, ſi elle n'eſt pas également intacte, n'eſt peut-être pas moins pure au fond, ſi, comme il eſt vrai, la pureté de l'ame peut réparer la ſouillure des ſens: une vertu comme la ſienne eſt du moins beaucoup plus ſûre; & pour dire tout, elle eſt dans la circonſtance de Julie, plus éclatante par ſes effets que l'innocence même.

Il eſt certain qu'il n'y a qu'une idée de la nature de celle-ci qui ait pu inſpirer à Wolmar le parti auquel il ſe porte. En même-tems ſi cette idée n'eſt pas dépourvue de raiſon, comme on le croit, non-ſeulement cet acte de ſa part n'étonne plus, mais encore il paroît ſenſé; il a même une ſorte de grandeur, parce que, tout conſidéré, il ſemble bien moins choquer les idées reçues que s'élever au-deſſus d'elles, attendu que la perſonne de Julie & toutes les circonſtances de ſon état ſont réellement une juſte exception à tous les cas ordinaires.

Sous ce point de vue, toute la conduite de Wolmar, conduite qui prouve que l'Auteur a raiſonné comme on le fait penſer ici, n'eſt plus difficile à expliquer: elle a même ſon principe dans cette délicateſſe que d'abord elle paroît bleſſer. Le procédé commun eût été d'éloigner Saint-Preux de ſa liaiſon: un coup-d'œil ſupérieur enſeigne à Wolmar une route oppoſée. Inſtruit de l'erreur de Julie, de la force de ſa paſſion, ſur-tout dans une ame comme la ſienne, mais aſſuré auſſi de ſes vertus, perſuadé en même-tems de la droiture & de l'honneur de Saint-Preux, que fait Wolmar dans cet état? Il appelle dans ſa maiſon cet amant jadis favoriſé; il le traite avec confiance; il lui parle une fois & à lui ſeul de cette terrible particularité dans la vie de l'un & de l'autre; après quoi, il le met en tiers entre sa femme & lui, dans ses affaires, dans son amitié. En se conduisant ainsi, Wolmar risquoit à peine quelque chose avec un homme de l'honneur de Saint-Preux ; mais certainement il ne risquoit rien avec une femme de la vertu de Julie, & il risquoit bien moins encore après une démarche d'une si rare confiance.

Rien n'est donc plus sensé, rien même n'est plus noble que cette conduite: elle est de la plus parfaite expérience des hommes, & de toute la hauteur de l'humanité dans sa plus grande élévation. En même-tems plus cet acte est grand, plus aussi il produit sûrement son effet. Wolmar, par ce trait d'une pleine confiance, garantit non-seulement, comme j'ai dit, invariablement la foi de Julie. Il fait plus, il se l'attache par cette preuve signalée d'estime, ce qui étoit pour elle bien plus que de l'amour dans sa position : il fait plus que tout cela encore, il unit à lui, par la seule voie praticable, deux êtres que rien à l'avenir ne pouvoit plus désunir entr'eux. Il procure son bonheur par le leur, en convertissant, à l'aide du respect qu'imprime une sainte hospitalité si généreusement exercée, leur passion mutuelle, certainement toujours vivante dans leurs ames, en une douce amitié de la part de Julie, & de celle de Saint-Preux en une tendre & profonde vénération pour Julie.

En un mot, Wolmar par cette conduite, plutôt extraordinaire que bizarre, marche vers ſon but par la voie la plus conforme à la raiſon. Sans parler de l'acte d'une humanité indulgente qu'il exerce dans cette occaſion, (acte peut-être plus doux qu'on ne croit à remplir pour qui avoit devant les yeux tout le prix que valoit Julie) ce pas une fois fait, Wolmar, ſans nul doute, contient bien mieux par-là deux êtres qui ne ſeront plus déſormais indifférens à ſon bonheur, & qu'il doit abſolument craindre ou aimer. Il les gagne; il ſe les attache bien plus ſûrement qu'il ne les tente, ou ne les expoſe par ce procédé confiant. Julie même, cette tendre & fiere Julie, environnée des fruits de ſon union, dès-lors préſervée par eux, ayant d'ailleurs ſon amant pour témoin de ſes vertus, ou ſi l'on veut de ſes ſacrifices, en remplit comme invinciblement les obligations de ſon état; elle les remplit même avec un certain charme, parce qu'il eſt encore des douceurs dans les privations auxquelles l'amour lui-même ſe condamne: le cœur de Julie ainſi purifié, n'a plus à ſe nourrir que par la pratique de ſes devoirs.

Rouſſeau, pour autoriſer un caractere auſſi hardi que celui de Wolmar, a cru devoir l'affranchir de tout lien aux opinions communément reçues. Il va même juſqu'à placer l'élévation des ſentimens qu'il lui attribue, au ſein de la plus funeſte des erreurs, l'athéiſme. Ce coup de pinceau, qui n'a pas été mis ſans intention, produit le plus grand effet dans la ſuite de l'Ouvrage.

Finalement, ce livre enchanteur par tant d'endroits, malgré bien des défauts réels, ſe termine par un trait de génie qui produit pluſieurs effets de la plus grande impreſſion dans le dénouement. Julie mere, Julie épouſe chérie & reſpectée, amie ſatisfaite, vivant au ſein ſinon du bonheur, du moins au ſein de la paix, dans celui de l'ordre & des vertus, Julie en cet état meurt; elle expie ainſi ſa faute paſſée par la perte de la vie: Elle meurt avec héroïſme & grandeur; mais près de ſa fin, elle ſemble moins perdre une vie chere à tous les êtres, que rompre enfin la barriere qui la ſéparoit du ſeul homme à qui elle pouvoit appartenir. Rouſſeau, pour achever le caractere de cette paſſion vraiment extraordinaire, & pour faire connoître, ce qui eſt vrai, que les grandes impreſſions ſont ineffaçables, principalement dans les cœurs vertueux, a donné à Saint-Preux les dernieres penſées & les derniers ſentimens de Julie.

Il eſt dans ce terrible paſſage un moment où tous les liens à la vie ſont comme rompus, & où pourtanr l'être vit encore. C'eſt dans ce court moment que la nature reprend tout ſes droits

& qu'elle ſe montre ſans contrainte. C'eſt alors, lorſque le ciel & la terre ſont ſatisfaits, & que le devoir n'a plus rien à reprocher à l'ame vertueuſe qui a vaincu ſes penchans, que ceux-ci ſe montrent une derniere fois ſous les traits de leur premier empire, mais avec pureté. Cette flamme involontaire eſt comme la derniere lueur qui éclate du flambeau de la vie. Rouſſeau habile à ſaiſir tous les mouvemens du cœur humain, a ſu marquer parfaitement ce moment où Saint-Preux obtient ſans déguiſement, ſur l'ame de Julie expirante, l'empire qu'au fond il n'avoit jamais perdu; juſte & vrai témoignage qu'il rend, par un trait ſi ſenſible, à la puiſſance indeſtructible des grandes paſſions.

Cette mort, extraordinaire dans toutes ſes circonſtances, produit un troiſieme effet d'un grand intérêt : elle remplit le vœu le plus vif de Julie en faveur de Wolmar, en le rendant au ciel dont ſes opinions le ſéparoient. Le ſpectacle des vertus & de la foi de ſa femme, dans ces derniers inſtans, opere ce grand changement. Wolmar avoit poſſédé la beauté, les perfections, l'eſtime de cette femme rare, ſans jamais poſſéder ſon amour; il avoit ſu honorer ſa perſonne pendant leur union. L'admirable Auteur de cet Ouvrage lui fait trouver le prix de cette conduite dans le changement que les prieres conſtantes & les exemples de Julie mourante produiſent

produisent en son ame. Julie à son tour recueille le prix de la persévérance dans ses devoirs, en rapprochant Wolmar de Dieu, alors que la mort la sépare de lui.

La touche sublime de tous ces caracteres, & le mélange de tant de traits heureux, renferment évidemment une grande connoissance du cœur humain. C'est sur-tout dans cette science si intime, si chere à l'homme, & qui, par cette raison, plaît tant à son ame par-tout où elle se présente, que Rousseau excelle. Il joint encore à la vérité de représentation la plus rare en ce genre, un caractere exquis de sensibilité dont il y a peu d'exemples : voilà l'endroit singuliérement par lequel il me paroît surpasser tous les hommes de génie de cet ordre.

Deux hommes célebres ont vécu dans le même siecle, & sont morts à peu près en même-tems. Mais, ou je me trompe fort, ou malgré l'extrême célébrité de l'un infiniment juste à beaucoup d'égards, la postérité, à la longue, mettra quelque différence entre les écrits de ces deux hommes, & même entre la force de leur génie. Encore l'un a-t-il tout accordé au sien, & souvent outre mesure, tandis que l'autre lui a presque tout refusé, & s'est privé bien des fois, par vertu, de nombre de productions. Il est hors de mon sujet de comparer ici les personnes. Peu d'Ecrivains sur ce point peuvent être mis à côté de Rousseau dont la probité comme homme & comme Auteur a été certainement fort rare.)

Je ne parlerai pas de plusieurs Ouvrages détachés de Jean-Jacques, de ses productions charmantes en fait de Musique, de ses écrits sur cet art si puissant, si agréable & d'un effet si universel, parce que la musique est vraiment la seule langue naturelle des hommes, tandis que les langues parlées ou écrites ne sont que des langues secondaires ou des signes d'institution. Je ne parlerai pas du mérite qu'il a eu d'annoncer & de procurer en France, au prix de son repos, la révolution en ce genre qui s'opere de jour en jour parmi nous, & que rien désormais ne peut plus empêcher; révolution heureuse qui multipliera nos richesses sans les détruire, si de grands maîtres, tels que Gluck & d'autres de cet ordre, parviennent à l'achever selon le génie de notre langue, & qui fera alors notre gloire & nos délices : révolution qui a commencé réellement à Rousseau, & qui a dû nécessairement être fort lente, parce que rien n'est plus difficile à vaincre qu'un préjugé de goût, surtout de goût national fondé sur le préjugé ou l'habitude des sens.

(Toutes les productions, tous les Ouvrages de Rousseau méritent d'être considérés; tous portent le ſceau du génie, & de ce génie heureux qui a ſu répandre de l'agrément juſques ſur les objets qui en paroiſſent le moins ſuſceptibles. Tout eſt animé ſous ſa plume, & d'une maniere ſi ſéduiſante, qu'on chérit l'homme autant qu'on admire l'Auteur.)

Je n'ignore pas qu'on a dit quelquefois, un peu ſourdement à la vérité, que pluſieurs perſonnes éclairées, dont l'opinion doit avoir un très-grand poids, puiſque l'une d'elles a même en ſa faveur l'autorité du génie, étoient d'avis que Rouſſeau, malgré ſes grands talens, avoit eu en partage plus de chaleur que de véritable éloquence; mais je doute qu'un pareil jugement qui peut partir d'un goût trop difficile, reçoive la ſanction du public, lorſqu'il jettera les yeux de nouveau ſur la collection des Ouvrages de cet Auteur qui va inceſſamment lui être offerte.

Sans doute l'éloquence de Rouſſeau renferme une très-grande chaleur, & même un genre de chaleur dont on ne trouve point d'exemple dans aucun autre Ecrivain. En même-tems ſi ce feu, ſi cette noble chaleur de l'ame, ont réellement créé tout ce qui a été dit, écrit d'éloquent, & même fait de grand parmi les hommes, (car c'eſt le même feu de ſentiment qui fait naître une grande penſée, & qui produit une grande action), il ſeroit bien ſingulier que la plus belle propriété du genre d'éloquence de Rouſſeau, celle qui la caractériſe, devînt un défaut qui la ternît aux yeux de certains juges.)

Cette critique pourroit avoir quelque fondement, ſi la chaleur d'ame propre à Rouſſeau, avoit empêché la véritable grandeur, la nobleſſe, l'originalité, (choſe fort rare même parmi les hommes de génie), ainſi que la juſteſſe de ſes idées. Pour ſe détromper ſur ce point, il ne faut que lire ſes Ouvrages de diſcuſſion, de controverſe, où la logique de l'Ecrivain ſe montre d'une maniere plus particuliere; & l'on verra qu'il y a peu d'hommes qui aient été doués d'une juſteſſe & d'une force auſſi grande de raiſonnement. Sur ce point il poſſéda le talent peut-être malheureux de Bayle, avec tous les charmes de ſentiment & de goût de Montaigne.

A la vérité Rouſſeau n'a point eu l'éloquence conciſe & vraiment légiſlative de Monteſquieu; celle majeſtueuſe, pure & douce de M. de Buffon; celle rapide & forte de Boſſuet; celle ſouvent ſurnaturelle & plus qu'humaine de Paſcal. Mais l'éloquence de Rouſſeau a ce rare mérite, qu'elle participe de tous ces caractères, de ſorte qu'il y a peu de beautés propres au génie de ces grands hommes, qui ſont ceux auxquels il reſſemble le plus, dont on ne trouve dans ses écrits une foule de traits égaux en beauté, qui placent cet Auteur justement à leurs côtés.

Parmi ces hommes, Pascal le plus extraordinaire de tous, est un homme divin qui semble lire dans le Ciel tout ce qu'il expose aux hommes; son éloquence tient toute à la sublimité de son intelligence; son cœur parle moins dans ses écrits. Montesquieu se présente à eux comme un législateur d'une raison vaste & profonde; M. de Buffon, comme le révélateur des secrets de la nature, comme son confident & son peintre le plus parfait; Bossuet comme l'organe & l'oracle de la Religion, tous ensemble avec la voix & le ton de la véritable éloquence.

Si l'on y fait attention, Rousseau réunit à beaucoup d'égards, le mérite de ces différens génies. S'il n'a pas leur maniere précise de peindre, d'émouvoir & de raisonner, ce qui ne constitueroit plus un homme grand par lui-même, il en a une très-heureuse, propre à lui seul, & qui rassemble souvent les beautés qu'on admire dans tous les autres.

Son éloquence n'est donc pas une vaine chaleur qui s'évapore à la réflexion. Cette chaleur au contraire unie à une maniere de raisonner pressante & forte, lorsque rien ne préoccupe l'esprit de Rousseau, produit une éloquence vraiment ſolide, tantôt originale; noble & animée, le plus ſouvent perſuaſive & douce, mais toujours chere au cœur par l'extrême ſenſibilité, par cette ſenſibilité ſi vraie, ſi pénétrante qui anime tous ſes Ouvrages.

Ce qui eſt ſur-tout à remarquer en faveur de Jean-Jacques, c'eſt qu'il n'a point abuſé de l'art de penſer & d'écrire. S'il s'eſt trompé, il n'a jamais trompé volontairement les hommes, & a toujours écrit de bonne foi. On ne peut pas non plus lui reprocher d'avoir ſouillé ſes livres par tous ces traits libres & obſcènes, indignes d'un être intelligent, & qui laiſſent après eux tôt ou tard de ſi longs remords.

Tous ſes travaux ont été dirigés vers la moralité. Par-tout on voit qu'il s'occupe à rendre les humains plus religieux envers le Ciel, & plus parfaits entr'eux. Le travail eſt le plus grand précepte de ſa morale; il en fait avec raiſon la baſe de tout, juſques-là qu'il veut que chaque homme inſtruit d'un métier, puiſſe au beſoin vivre du travail de ſes mains. En effet, ce grand précepte enſeigné par pluſieurs légiſlations, par l'Alcoran même, de la maniere la plus expreſſe, contient preſque tous les devoirs & renferme preſque tout le bonheur de l'homme, tandis qu'en lui ſeul gît toute la force & même la ſcience bien entendue du gouvernement des Empires. Tantôt Rouſſeau s'applique à ranimer l'eſprit & à faire aimer les liens du mariage ; ſeul état ſur la tetre où l'on puiſſe aſſigner une place au bonheur. Alors il marque les devoirs des femmes, ceux des maris, ceux des enfans avec une raiſon ſi relevée & des images ſi touchantes, que l'art du bonheur de la vie découle évidemment dans ſes écrits de la ſcience ſimple de la vertu & de la pratique douce de ſes devoirs. Tantôt cet homme qui a jetté ailleurs les yeux ſur l'état civil pour en déplorer les maux, en poſe les plus beaux fondemens ſur la ſainteté de la Religion dont il parle d'une maniere plus qu'humaine, & ſur les principes de toute eſpèce qu'il déduit clairement des droits de l'homme les mieux connus, & qu'il affermit enſuite avec la main aſſurée d'un vrai légiſlateur.

Nul des Ouvrages de Jean-Jacques ne paroît avoir été écrit pour le ſimple ornement ou l'oſtentation de l'eſprit. Il ſemble que ce ſage Ecrivain ſe ſoit dit : mes livres compoſés ſelon mes lumieres & ma conſcience forment mon travail ; ils ſont par conſéquent la dette qu'il faut que j'acquitte. Si ce travail n'eſt pas utile, je trompe la loi de la nature, je trompe la ſociété dans les obligations qu'elle m'impoſe. Que ſi quelquefois cet homme ſenſible à tous les genres de beautés, a abandonné ces objets de Religion, de Morale, de Mœurs, de devoirs publics, ç'a été pour ſe délaſſer innocemment dans des arts agréables, leſquels il a enſeignés & pratiqués en maître. Il occupoit dans ces loiſirs honnêtes une autre partie de lui-même (ſon imagination) auſſi riche & auſſi impérieuſe que ſon génie.

Enfin pour tout dire, Rouſſeau a été l'Ecrivain de l'humanité, même juſqu'à outrer ſes idées en ſa faveur par la ſeule raiſon qu'il l'a trop aimée. Il a été celui de la religion pour la morale, celui de la patrie pour l'amour qu'elle exige, celui de la ſociété pour tous ſes devoirs ; il eût été celui de la juſtice des empires, ſi ce grand rôle lui eût été permis. A ces titres il peut à bien des égards être regardé comme l'Ecrivain du bonheur des hommes ; & l'on peut ajouter, d'après une conſécration particuliere & formelle de ſon génie atteſtée par tous ſes Ouvrages, qu'il a éte éminemment celui de la vertu qu'il a fait briller juſques dans le ſein des paſſions, & même de leurs foibleſſes, en les peignant en homme qui en a ſenti toute la force ſans en avoir jamais éprouvé la corruption.)Heureux ſi des lumieres puiſées dans des ſources encore plus pures, l'avoient rendu le défenſeur en tout point d'une religion divine dont il a ſi bien connu, repréſenté & fait chérir la morale.

C'eſt ſous ces traits que je me repréſente

ſes qualités & ſon mérite d'Auteur : je vais jetter à préſent un coup-d'œil ſur le caractere de ſa perſonne, & ſur ſa vie.

La vie de Rouſſeau a été ſemée de beaucoup de tribulations. Nul homme n'a produit de grandes choſes ſans eſſuyer de grands combats ; les perſécutions ſont même communément en proportion de la ſupériorité des lumieres & de la grandeur des ſervices. Cette fatalite, vrai ſujet de réflexion, forme un grand grief contre l'humanité.

La diſcuſſion du premier point eſt hors de mon ſujet ; elle ne m'appartient pas. D'ailleurs Rouſſeau s'eſt défendu lui-même ; & ſans juger du fond de ſa défenſe, on ne peut diſconvenir qu'il a du moins convaincu de l'innocence de ſes intentions. Peut-être même ne ſeroit-il pas impoſſible de trouver des raiſons plauſibles qui mettroient l'Auteur à l'abri de tout jugement perſonnel qui pourroit lui être fâcheux, ſans bleſſer pour cela le reſpect dû à tous les actes publics de juſtice. En effet, quelque indulgence que mérite un homme vrai & de bonne foi, il y a certainement quelque danger à tolérer l'erreur, bien qu'accompagnée de beaucoup de vérités utiles. Les Ouvrages de cette eſpèce exigent encore plus d'attention lorſque la doctrine, qui contient un ſemblable mélange, peut être épidémique par la maniere éloquente

& puiſſante dont elle eſt enſeignée. Quant à ce qui ſe trouve dans ces ſortes d'Ouvrages, au rang précieux des vérités, il en eſt telles encore parmi celles-ci, que l'état préſent des ſociétés ne peut pas tout-à-coup, & peut-être ne peut plus ſupporter. Les grands Ecrivains exigent donc une toute autre ſévérité que les autres, par la raiſon même de la ſorte de domination qu'ils exercent ſur les eſprits. Cette ſévérité que le ſoin de l'ordre public rend néceſſaire, devient dès-lors une juſtice, parce que les écrits des hommes ſupérieurs, de même que les loix, ſont bientôt autorité & précepte.

Quoi qu'il en ſoit de ces réflexions faites ſans aucune prétention pour ſes propres idées, on peut dire qu'il n'eſt aucun pays qui n'ait bientôt rendu juſtice aux intentions pures de Rouſſeau, & que celui qu'il a continué d'habiter, n'a pas eu lieu de ſe repentir de lui avoir ouvert de nouveau ſon ſein, après les tribulations qu'il y avoit éprouvées.

Ami du vrai, mais autant ami de la paix, dès qu'il vit les eſprits s'échauffer ſur ſes opinions, il ne fit plus rien pour entretenir le feu qu'il avoit été ſur le point d'allumer, ce qui lui eût été facile avec un eſprit moins ſage que le ſien. Rouſſeau, ſans jamais abjurer publiquement ni en particulier un ſentiment qu'il crut fondé, ſut néanmoins reſpecter ſincérement l'ordre public. Tout lui fut poſſible pour le maintenir, à l'hypocriſie près. On peut dire qu'il n'eût pas été en ſon pouvoir d'être chef de ſecte, ayant pourtant en lui tant de moyens pour l'être. Jamais, par exemple, il n'eût été ni Luther, ni Calvin. Il répugnoit à ſon cœur d'arriver au vrai autrement que par le doux empire de la perſuaſion, & par l'influence encore plus douce des affections de l'ame & du ſentiment : eſpèce d'empire qui eſt au fond le vrai dominateur des eſprits.

Il alla même par des cauſes qui ne ſont pas aſſez connues pour être citées, juſqu'à éviter depuis nombre d'années toute liaiſon avec les gens de lettres en général, malgré l'attrait dont les perſonnes de cet ordre euſſent été pour lui; ce qui a fait dire, on ignore ſur quel fondement, qu'il n'étoit pas aimé d'eux, & qu'à ſon tour il ne les aimoit pas.

Enfin, comme il recueilloit dans la carriere des lettres, plus de déplaiſirs ſecrets que de ſatisfaction par la gloire qu'elles lui apportoient, après s'être entiérement ſéparé de ceux qui les cultivent, il finit par ſe ſéparer des lettres mêmes; du moins il ne s'en occupa plus que pour lui ſeul, s'étant voué dans les dix dernieres années de ſa vie abſolument au ſilence. L'amour de la paix fut évidemment le motif de cette conduite. Ni les attaques de ſes ennemis, ni les tentations ſi vives de la gloire; ni celles ſi preſſantes du beſoin, rien ne put lui faire abandonner cette réſolution. Il immola tout à ſa tranquillité; il s'y immola lui-même, & livra juſqu'à ſa réputation au doute, aux critiques qu'il ne repouſſa plus, n'ayant cherché dès-lors de conſolation, loin de la ſociété des hommes, qu'en Dieu & dans ſa ſeule conſcience.

Ce qu'on ne ſauroit aſſez admirer dans cet homme rare, & dont la ſeule idée arrache des larmes, c'eſt la parfaite rectitude d'ame qui a régné en général dans toute la conduite de ſa vie. Ce n'eſt point par le langage; ce n'eſt pas par les écrits qu'il faut juger les hommes. C'eſt leur faire, pour ainſi parler, & non leur dire; c'eſt en un mot, toute la vie qui eſt la pierre de touche du cœur humain. Or, Rouſſeau a été ſi ſemblable à lui-même dans ce qu'il a écrit & penſé, dit & fait, qu'une telle vie d'homme & une telle carriere d'Auteur comparés l'une à l'autre, ſont un vrai prodige.

Il étoit ſi invariablement fixé aux grandes loix de la nature, qu'il ne s'en détourna dans la pratique, ni par l'attrait des ſens, ni par l'aſcendant preſqu'invincble de l'uſage. Animé de cet orgueil qui ſied à un être intelligent, il mépriſa les richeſſes & craignit également la dépendance, même celle que l'on contracte par les ſervices reçus. Il conſidéra toujours que dans l'ordre civil, tout homme avoit une tâche à remplir. Rapportant tout à cette idée, vraie fin de la création, & mesurant les besoins humains, non sur ceux de l'opinion, mais sur ceux de la nature, il posa pour loi que tout homme bien constitué, & par devoir & par grandeur, ne devoit dépendre que de soi & de son travail, en conséquence ne tenir sa subsistance que de lui seul.

D'après cette regle, il estima mieux un métier qu'un talent, & l'un & l'autre, que tous les dons purement agréables. Fidele à ses principes, il vécut laborieusement, soit des productions de son esprit, soit d'un travail manuel, ne mettant aux premieres (chose rare) de valeur qu'à raison du prix de son tems, & non à raison du très-grand prix qu'y attachoit l'opinion publique, supléant pour le surplus à ses besoins de nécessité premiere, par un travail aussi ingrat que pénible.

Dans le sentiment qu'il ne pouvoit manquer d'avoir de sa propre valeur (car les hommes supérieurs ont le secret de leur grandeur, & personne n'a ce secret comme eux), il ne voulut jamais faire dépendre arbitrairement son sort de qui que ce fût, pas même des services le plus purement rendus. Peut-être en cela alla-t-il trop loin : mais les grandes vertus sont outrées; elles ont même besoin en quelque ſorte de cet excès, pour ne pas deſcendre. Pour tout dire, Rouſſeau dans le ſiecle & le lieu le plus corrompu, fit voir un Philoſophe réel & de fait, ayant les mœurs auſtères de l'antiquité, ſans faſte dans ſa vertu, ſans prétention perſonnelle, aimant la gloire pour ſon nom, & chériſſant l'obſcurité pour ſa perſonne, ce qui eſt le vrai caractère du grand homme & du ſage.

Je ſais que depuis ſa mort, dans la ſociété & ſur-tout dans le monde littéraire, pluſieurs voix ſe ſont élevées, dont les unes ont déſapprécié ſes écrits, & d'autres ont chargé ſa mémoire de divers reproches capables d'affoiblir l'idée de ſes vertus. On l'a accuſé non-ſeulement d'un orgueil déraiſonnable, mais encore de fauſſeté, & qui plus eſt de noirceur. On a cité de lui divers traits qui ne s'accordent nullement avec cette droiture d'ame que je viens de vanter; enfin, on l'a inculpé d'avoir attaqué dans un Ouvrage poſthume, ſes bienfaiteurs & ſes amis, laiſſant pour tout héritage cette terrible production de ſon eſprit, ſi peu honorable pour ſon cœur.

C'eſt cette production même dont je parlerai bientôt, que j'invoquerois pour purger ſa mémoire de tous ces reproches. Ou tout me trompe dans mes conjectures, ou cet écrit doit mettre le dernier ſceau à ſa probité & à ſa vertu.

De plus, on doit rejetter de pareils faits, quand ils ne ſont pas évidemment prouvés, ſur-tout lorſqu'ils ſont démentis par une vie entiere. Le total de la vie de Rouſſeau m'apprend clairement qu'il n'a pu être ni un homme faux, ni un homme méchant avec deſſein. Il faut néceſſairement expliquer de quelque autre maniere ces différens traits de conduite, en ſuppoſant leur vérité prouvée, puiſqu'on eſt forcé par l'enſemble de ſa vie & d'une vie bien rare, de reconnoître dans Rouſſeau un Philoſophe pratique, droit, & non comme dit Montaigne, un Philoſophe parlier & de pure oſtentation, D'ailleurs ce ne ſeroit pas quelques torts graves ; ce ne ſeroit même pas une grande faute qui m'empêcheroit de mettre Rouſſeau au rang unique où je le place. C'eſt un homme que j'admire en lui, & non un Ange que je prétends y trouver ; & cet homme, voici malgré toutes les détractations, ce qu'il eſt à mes yeux. S'il s'y eſt mêlé quelques vices d'humeur habituelle, des traits choquans d'un caractère ombrageux ou trop ſenſible, même des taches dans diverſes actions particulieres que l'on ne peut guère révoquer en doute ſur la foi de nombre de rapports, tout cela, ſelon moi, ne change rien dans Rouſſeau à l'homme eſſentiel. Ses maladies, ſes peines de toute eſpèce; ſans tout cela l'humanité ſeule, ſi on l'écoute, en excuſeroit bien davantage encore, aux erreurs près de ſes principes religieux que nous n'avons garde de vouloir encore un coup juſtifier.

Quoi qu'il en ſoit, je penſe que Rouſſeau a aimé la gloire avec paſſion; mais je crois en même-tems qu'il a aimé avec plus d'ardeur encore la vertu; que non-ſeulement il en a donné les leçons les plus pures, mais qu'il les a rigidement pratiquées pour lui-même, ſi l'on en excepte quelques écarts néceſſairement inſéparables de notre nature. Nul homme, ſi l'on veut, n'a eu plus d'orgueil; mais cet orgueil ſi mal jugé, n'a été en lui que ce noble ſentiment de ſoi que les hommes médiocres ne connoiſſent même pas, & qui n'eſt à juſte titre l'appanage que de la véritable grandeur. Nul homme en même-tems n'a montré plus de vraie modeſtie, n'a chéri davantage la ſimplicité, l'oubli des hommes dans ſa vie privée; n'a ſupporté plus réellement la pauvreté, juſqu'à refuſer, dans l'eſprit d'une noble indépendance, les offres qui l'aſſiégerent de toutes parts, les offres des hommes les plus puiſſans, les offres mêmes des Rois. Quel autre Ecrivain encore a moins recherché & les honneurs & tous les faux biens de la vie? Quel autre a moins

moins défendu ſes écrits, a moins cenſuré ceux d'autrui, & s'eſt abſtenu plus conſtamment de tremper jamais ſa plume du fiel de la Satyre? Il eſt facile de voir qu'il n'a jamais ſongé à défendre que ſa perſonne & ſes actions; encore quand il l'a fait, ſans toutefois vouloir juger ici du mérite du fond de ſa défenſe, ni prétendre approuver la hauteur & le ton tranchant de ſon ſtyle dans quelques occurrences, ç'a été du moins avec cette publicité, cette légalité, pour ainſi dire, que l'on apporte dans les tribunaux. Controverſiſte autant & plus habile qu'aucun homme de ſon ſiecle, il n'a écrit, lorſqu'il a été queſtion de lui, que pour maintenir ſa probité & ſon honneur; & alors la force de ſes raiſons a laiſſé peu de choſe à déſirer ſur ce point pour ſa défenſe. Auſſi ſes timides ennemis en ce qui concerne ſon perſonel, ont-ils gardé pendant qu'il a vécu, le ſilence avec lui, parce qu'ils avoient autant à craindre la rectitude des ſes actions, que le poids de ſes paroles. Je ne crois donc pas me montrer préoccupé, en jugeant que le fond de cette vie ne peut être démenti; que ſon juſte renom eſt au contraire glorieuſement confirmé par ces mémoires poſthumes où Rouſſeau cependant eſt accuſé d'avoir attaqué ſes propres bienfaiteurs & ſes amis. Sans doute il a jugé ces derniers avec la même vérité qu'il s'eſt jugé lui-même. Victime malheureuſe & pendant long-tems de bien des ſortes de haines, il s'étoit vu forcé, pour acquérir la paix, de ſe vouer abſolument au ſilence & même à l'inaction. Il l'a rompu enfin ce ſilence dans un Ouvrage qui n'eſt point adreſſé préciſément aux hommes, mais que tout indique avoir été fait en vue ſeulement de l'être éternel, pour l'appaiſement des chagrins de ſon ame ſi cruellement méconnue, & pour ſa propre conſcience. Malheur, à mon avis, à ceux que cet Ouvrage peut bleſſer. L'homme qui s'y dénonce lui-même avec tant de rigueur, avoit peut-être auſſi le droit d'y articuler ſes griefs contre des tiers, lorſque les faits de leur vie ſe trouvoient néceſſairement liés à la manifeſtation de l'innocence de la ſienne. Malheur à eux encore, car ſi le droit de citation dont je viens de parler peut être conteſté, la foi due à un pareil écrit, ne le ſera certainement jamais.

Rouſſeau a paſſé, je le ſais, pour un homme ſingulier, bizarre, même juſqu'à l'inconſéquence. L'extrême ſageſſe aura toujours le coup-d'œil de la ſingularité; elle ſera même politiquement une très-mauvaiſe conduite pour la fortune & l'avancement dans tous les tems & dans tous les lieux. Et comment en ſeroit-il autrement? Cette ſageſſe rigide condamne une infinité de choſes; elle bleſſe ſans ceſſe les modes, les usages reçus; elle reformeroit presque tout si elle en avoit le pouvoir.

L'homme sage est regardé communément comme un homme singulier, extraordinaire: oui sans doute il l'est; mais comment? Dans ses hautes pensées il considere peu tous ces minutieux détails qui forment ce qu'on appelle la science de la vie; le corps de la société ne se présente à lui qu'en grand; sans cesse il s'éleve jusqu'à l'ensemble de toutes les sociétés de l'univers. Au physique toute la nature créée dépendante des mêmes loix, s'offre à ses yeux; au moral, Dieu, l'homme naturel, l'homme civil, sous quelque forme politique que cette civilisation se soit établie: voilà les trois grands rapports auxquels il applique toutes ses pensées.

Que deviennent ensuite toutes ces institutions d'un état particulier, quelque grand qu'il soit, mais toujours si peu considérable dans le vaste tout de l'univers? ces loix de quelques siecles, ces usages locaux de quelques années, & souvent de quelques momens?

Que deviennent ensuite dans ce grand tout les actions d'un seul homme, renfermées dans un petit espace & bornées à un point de la durée? L'homme ordinaire est frappé de ce point; il ne voit que cet espace; il regle sur cela toutes ses démarches. L'homme supérieur examine la totalité des lieux, des objets, &

le cours de tous les tems. En toute occasion les trois grands rapports dont j'ai parlé plus haut, sont la mesure de ses idées, celle de ses discours & de ses actions. Il n'envisage rien que sous cet aspect; il parle & agit constamment d'après ces impressions qui seules animent son intelligence.

Quelle n'est pas aussi la puissance de la pensée dans un homme de cet ordre? Certes, quoi qu'on en dise, elle est bien supérieure à toutes les forces physiques de la terre, même les plus imposantes; & il ne faut pas s'y tromper. Le maître de dix, de vingt millions d'hommes, a dans ses mains toute cette masse de forces. Il en dispose à sa voix ou sur la simple inspection de son ordre; effet surprenant, mais cependant juste & salutaire d'une loi constitutive qui donne à un seul homme ce grand ressort de pouvoir par le seul effet de l'opinion : un produit aussi étonnant est la mesure de la puissance de la loi.

Malgré cela le Sage, oui le Sage tout seul, le Philosophe, le Législateur, & sur-tout ce dernier, sont bien plus puissans encore. Si leur pensée se grave, si elle fait autorité parmi les hommes, elle peut agir, & agit en effet sur une partie de l'univers. Elle embrasse tous les tems comme tous les lieux; elle détruit même, lorsqu'elle ne fortifie pas, toute autre espèce de puissance. En un mot, rien n'est égal à sa force, parce qu'elle eſt celle même de toute l'intelligence humaine, c'eſt-à-dire, qu'elle eſt ſans bornes, de même qu'elle eſt ſans meſure.

Voilà quel eſt le caractère d'une tête penſante: voilà quel eût pu être Rouſſeau, s'il eût obéi avec liberté à l'impulſion de ſon génie. Parmi les hommes modernes, il eſt le ſeul, avec Monteſquieu, qui ait eu l'eſprit des anciens légiſlateurs, à la vérité avec moins de conciſion & de majeſté, quoiqu'avec plus de chaleur que lui. Il eut en outre quelque choſe de plus précieux encore; il eut, (car je ne peux me laſſer de revenir ſur ce point) il eut l'ame d'un des hommes les plus vertueux de la terre. Si ſes idées en général, comme on le prétend, furent fort exaltées; ſes actions, ſa conduite correſpondirent parfaitement, autant que l'humanité le permet, à la hauteur de ſon ſyſtême. L'homme en lui dans la pratique, fut au niveau de ſa doctrine. Il s'égala à ſes penſées, de ſorte que toutes les pieces de cet être ſurprenant, paroiſſent analogues entr'elles, & forment un tout infiniment intéreſſant, qui mérite à plus juſte titre l'admiration, qu'il ne bleſſe ou peut bleſſer par ſon peu de conformité à nos uſages.

Ajoutons encore d'autres traits pour achever de repréſenter tout ce qui a conſtitué l'homme de génie & l'homme rare dont je parle.

Rouſſeau fut religieux. Tout eſprit éclairé

croit, & toute ame ſenſible aime. L'idée d'un Dieu eſt ſi intime, ſi conſolante & ſi douce, qu'il n'y a qu'un être dépravé dans ſa raiſon, & dénaturé pour lui même qui la rejette. Mais Rouſſeau crut & aima à proportion de ſes lumieres & de ſa ſenſibilité ; & il écrivit ſur ces matieres, ſelon le degré éminent qu'avoient en lui ces deux qualités. Entre toutes les beautés touchantes de ſon éloquence, c'eſt principalement dans la peinture qu'il offre ſouvent de la Religion, qu'il eſt admirable. Il s'eſt exprimé ſur ce ſujet avec une perſuaſion ſi impoſante & ſi vive, que cet homme vraiment ſublime dans ſa morale, peut paſſer pour le prédicateur de Dieu dans tous les cultes.

Je me plais comme vous voyez, Monſieur, à réunir tout ce que j'ai pu apprendre de particulier ſur le caractere de Rouſſeau, & j'ai de la ſatisfaction à me retracer à moi-même tous ſes traits, en les conſignant dans cet écrit.

Quelques perſonnes qui ont eu des liaiſons avec lui, aſſurent qu'il a été plein d'amabilité dans l'âge où cette qualité éclate davantage. Ce point eſt peu important; mais ce qu'on voit clairement par ſes écrits, c'eſt qu'il a été quelque choſe de plus qu'un homme aimable, ſelon notre frivole acception, puiſqu'il étoit né pour être invinciblement aimé : avec cela il eſt impoſſible de ne plaire pas. Il eſt une certaine chaleur de ſentiment qui produit ſur les ames, ce que le ſoleil, qui échauffe tout ce qu'il éclaire, opere ſur le matériel de la nature. De tous les Auteurs connus, Rouſſeau eſt ſans contredit celui qui a été le plus doué de cette chaleur communicative qui s'empare du lecteur, & qui fait qu'on aime avec tant d'intérêt la perſonne de l'Auteur, & qu'elle paroît à tous les yeux auſſi digne d'amour que de gloire.

On aſſure encore que Rouſſeau, fort méditatif par caractere, le devint enſuite de plus en plus par habitude. Les hommes de cet ordre l'ont toujours été. C'eſt même là un des ſignes par leſquels les têtes penſantes, ſe manifeſtent aux yeux de ceux qui ſavent juger de la nature de ce genre de taciturnité.

C'eſt uniquement dans la ſolitude que ſe forment les fortes impreſſions, & c'eſt de l'ame que naiſſent les grandes penſées: mot admirable du Duc de la Rochefoucaut, qui s'applique ſi bien à Rouſſeau, défini tout entier par cette ſeule & belle maxime, que la Rochefoucaut en l'écrivant, ſemble avoir apperçu dans l'avenir le célebre citoyen de Genève.

Rien ne donne lieu à plus de réflexion que la vérité que je viens de préſenter. En effet au milieu des mouvemens divers de la ſociété, les ſenſations ſe perdent ou s'effacent. Ce n'eſt vraiment que dans le ſilence, dans cette conversation intérieure, lorſque le trouble des objets du dehors ceſſe, que l'homme ſonde ſon ame dans toute ſa profondeur, & qu'il éleve ſon eſprit à toute la hauteur dont il eſt ſuſceptible. Alors dans une pleine paix il goûte les vraies délices de la penſée; il s'inſtruit, & il doute; il devient meilleur, plus éclairé, & il apprend tout à la fois à être modeſte. C'eſt-là ſur-tout qu'il peut écouter la voix de Dieu au fond de ſon cœur, & qu'auſſi-tôt la chaleur de ce ſentiment intime lui en fait naître l'amour. C'eſt-là que comme Pythagore, il entend, ſans trop d'illuſion, l'harmonie de tous les corps céleſtes; que deſcendant de-là ſur la terre, il voit tous les êtres végétans, animés & ſenſibles, unis à ſon être par quelque rapport, rouler dans le tems & l'eſpace avec lui, & que conſidérant enfin ſon eſpece, il voit l'humanité entiere rangée autour de ſes regards; cette humanité ſi touchante dans les enfans, ſi ſublime, ſi agiſſante dans l'âge mûr, ſi reſpectable & ſi inſtructive dans les vieillards. Partout ailleurs les objets étrangers s'emparent plus ou moins de ſon ame & de ſon eſprit. Dans l'étude, dans les écoles, dans le commerce, les facultés peuvent ſe développer & les lumieres s'accroître; mais pour bien connoître & pour ſentir fortement, il faut toujours rentrer en ſoi-même, & y conſidérer les objets à fond & ſous toutes les faces : voilà le ſeul moyen pour aggrandir ſes conceptions, le ſeul pour que la force de la penſée acquière, pour ainſi parler, toute ſa latitude. Demandons-le aux hommes du caractere de ceux que je dépeins : ils nous diront tous que ce n'eſt qu'à la ſuite de ces momens d'une longue & profonde méditation, que la nature interrogée ſe montre ; qu'elle revèle au génie ſon confident, ſes ſecrets les plus intimes ; qu'elle lui inſpire ces belles images avec leſquelles il la caractériſe, ou qu'elle lui manifeſte ces heureuſes inventions à l'aide deſquelles il la découvre aux autres hommes.

L'eſprit pour éclater ou pour briller, peut avoir beſoin de la ſociété des autres eſprits ; mais il ne faut au génie aucun de ces ſecours pour ſes productions. Il a en lui ſa fécondité & ſa puiſſance ; il enfante ſeul, ſemblable à un volcan qui nourrit & puiſe en lui tous ſes feux, & qui lorſqu'il ne peut plus les contenir, les répand au-dehors avec un éclat & une exploſion qui imite encore en cela parfaitement l'enfantement du génie.

Rouſſeau étoit tellement né pour ce recueillement d'eſprit, qu'on le vit chercher toute ſa vie la retraite, laquelle il eut le malheur de voir troubler ſouvent. Ami de la nature & des grands ſpectacles qu'elle offre, il préféra conſtamment le ſéjour de la campagne à celui des villes, & conſacra enfin à ce genre de vie ſes jours, trop tôt terminés, dans la ſociété de deux hôtes vertueux qui ont eu l'honneur & le bonheur de conſoler ſes dernieres années, & qui poſſedent aujourd'hui dans leur héritage les reſtes précieux de ce grand homme. Puiſſent, pour prix de cette action hoſpitaliere, leurs vertus paſſer, ſelon le vœu de Rouſſeau, dans le cœur de leur fils, & puiſſent auſſi s'y joindre toutes celles de l'homme dont ils ont honoré la vie ! Ce bonheur digne d'eux, eſt le plus grand que des mortels puiſſent éprouver ſur la terre.

Je finis, Monſieur, cette Lettre par le dernier trait que j'ai annoncé plus haut.

On a ſu que Rouſſeau, dans le déclin de ſon âge, & voyant arriver ſon dernier terme, dont la nature avertit toujours ceux qui ne veulent pas être ſourds à ſa voix, a terminé ſa carriere par un écrit dont, comme il dit fort bien, il n'y a point eu & il n'y aura jamais d'exemple.

Cet écrit, dont la curioſité publique ſera toujours avide juſqu'à ce qu'elle ſoit ſatisfaite, contient, à en juger par une belle préface qu'on a déja fait connoître, les Mémoires de la vie de Jean-Jacques ; non ces ſortes de Mémoires dont on diſpoſe le contenu ſur l'intérêt de ſes paſſions ou ſur celui de ſon amour propre; mais la confeſſion exacte que Rouſſeau fait à Dieu même de toute ſa vie dans un écrit authentique, ſcellé de ſa foi où il a expoſé le bien & le mal de toutes ſes actions, ſans avoir, ſuivant ſes expreſſions, rien tû, rien diſſimulé, rien pallié.

C'eſt avec ce livre à la main qu'il ſe tranſporte aux pieds de l'Eternel au jour du dernier jugement, & que là comparoiſſant avec tous les humains, il oſe, ſous les yeux de l'Etre Suprême, ſe donner d'après ſa conſcience, le témoignage que nul homme, faiſant le même aveu, ne pourra dire avoir été meilleur que lui : déclaration bien haute, bien ferme, bien préciſe, mais qui, de la part d'un homme tel que Rouſſeau, authentique pleinement la vérité de ſon expoſé, & le fondement du jugement qu'il porte en conſéquence ſur lui-même. En effet, quand on a comme lui, connu ſi parfaitement le cœur humain & le ſien propre, & qu'on a confeſſé enſuite ſa vie entiere, il faut être un ange pour porter de ſoi devant Dieu un ſemblable témoignage, ou un monſtre pour le produire avec le déſaveu ſecret de ſa conſcience.

Sous ce point de vue, que doit paroître l'entrepriſe d'un pareil livre? Quelle eſt la créature aſſez grande pour en concevoir ſeulement la pensée! Quelle est celle sur-tout assez courageuse, assez vraie pour l'exécuter de bonne foi? Quelle est celle enfin assez pure, pour qu'après une telle confession, il en résulte, non pas tant un témoignage aussi glorieux à produire pour soi, mais un témoignage aussi consolant pour un homme qui craint l'Etre Suprême, & qui aime sincérement la vertu? L'idée d'une pareille entreprise fait pâlir de crainte, ou transporte d'admiration. Oui, on le répete, il n'y a qu'un homme bien supérieur à la nature humaine qui ait pu l'exécuter, ou un être impie qui ait osé vouloir tromper les hommes, sans pouvoir croire tromper Dieu-même.

Vertueux Rousseau! on a bientôt porté sur toi son jugement. Toute ta vie dicte nécessairement la seule opinion qu'on puisse adopter sur un acte si essentiel de ta part. Oui, homme rare, & peut-être trop peu connu encore, malgré ton grand renom! tu n'as point eu & tu n'auras point d'imitateurs; ou si tu en as, tu n'auras jamais d'égaux.

Non, sans doute tu n'as pas voulu mentir au Ciel & à la terre dans un écrit si sérieux. Toutes les actions de ta vie cautionnent la foi de cet écrit; & cet écrit à son tour sanctionne la pureté de ta vie. Ailleurs tu as parlé comme Auteur; tes lumieres & ton génie t'ont inspiré: ici tu as écrit comme homme, & ta conscience a tout dicté. Toutes les critiques tombent; tous les doutes cessent. Il faut te croire le plus coupable, le plus dépravé des mortels, ce qui n'est pas possible, ou te considérer comme un homme unique pour la vérité, pour la droiture, pour la sensibilité de l'ame; ce qu'il est si facile & si doux de penser d'après toi, tes actions & tes Ouvrages.

J'oublie dans ce moment les charmes ravissans de ton génie. C'est à cet acte sublime que je m'arrête; c'est ton ame que je considere; c'est l'énergie si rare, & tout à la fois si honnête de cette ame que j'admire. C'est dans ton adoration profonde pour l'Etre Suprême, c'est dans cette affection innée pour tous les hommes; c'est dans ta conduite constante envers eux & avec toi-même, que je te trouve supérieur à l'humanité; & quand je réunis par la pensée ce que l'Auteur a écrit avec ce que l'homme a senti, exécuté & pratiqué, c'est alors que rapprochant la gloire éclatante de l'Ecrivain, du mérite plus parfait encore de la personne, je m'explique, après avoir excusé quelques écarts dans lesquels les hautes lumieres ne servent que trop souvent à faire tomber, je m'explique, dis-je, sans nulle peine le prétendu paradoxe de ta vie & de tes écrits. C'est alors que tu obtiens de moi plus que l'hommage dû au génie, celui du retour le plus tendre en mémoire de l'amour que tu as porté aux hommes, & que mon vœu le plus vif qui s'exauce chaque jour, eſt que ton nom ſoit placé parmi le petit nombre des noms précieux que l'eſtime des hommes ſe plait à conſerver.

LETTRE D'ENVOI.

J'AI L'HONNEUR, Monſieur, de vous adreſſer cette lettre concernant Jean-Jacques Rouſſeau, parce que je ne connois perſonne qui apprécie mieux que vous le mérite de cet Auteur, & qui rende en même-tems plus de juſtice aux qualités de ſa perſonne. On doit en effet connoître mieux les hommes à meſure qu'on leur reſſemble davantage.

Un peu de loiſir & l'envie de ſatisfaire mon cœur ſur le compte d'un Ecrivain que je regarde comme un des plus beaux génies, & en même-tems comme un des hommes les plus vertueux qui aient exiſté, ont ſeuls donné lieu à cette lettre. Je n'ai eu d'autre objet que de ſoulager mon ame, en répandant ſur le papier les ſentimens qui la preſſoient en ſecret, & qu'elle n'a pu contenir plus long-tems. Cependant je conſentirois abſolument que cette lettre devînt publique, ſi je pouvois croire qu'elle pût servir à faire connoître & aimer davantage un homme si intéressant à considérer pour la gloire & le bien de l'humanité. Dans tous les cas, je désire que l'Auteur de cet écrit soit absolument inconnu, & vous m'obligerez de ne pas même chercher à le pénétrer.

Recevez seulement, Monsieur, cet envoi comme un tribut que j'ai cru devoir à la justice plus particuliere que vous rendez à ce grand homme, & agréez en même-tems celui de mon tendre attachement.

Je suis, &c.

www.ingramcontent.com/pod-product-compliance
Ingram Content Group UK Ltd.
Pitfield, Milton Keynes, MK11 3LW, UK
UKHW020328220726
13923UKWH00003B/1437